AF563083

ÉLOGE

DE

M. THUAULT DE BEAUCHESNE

PRONONCÉ

AU CHATEAU IMPÉRIAL DE LAMOTTE-BEUVRON

DANS LA SÉANCE DU COMITÉ CENTRAL DE LA SOLOGNE

DU 24 OCTOBRE 1869.

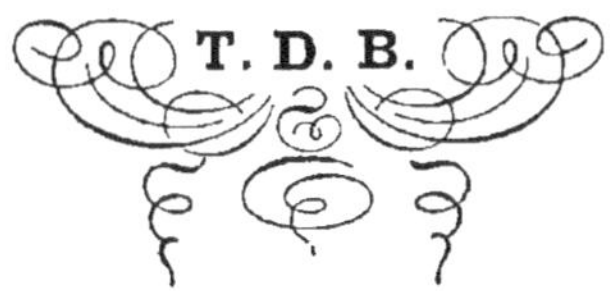

ROMORANTIN

IMPRIMERIE ET LITHOGRAPHIE DE JOUBERT-MOREAU.

1869.

ÉLOGE

DE

M. THUAULT DE BEAUCHESNE

PRONONCÉ

AU CHATEAU IMPÉRIAL DE LAMOTTE-BEUVRON

DANS LA SÉANCE DU COMITÉ CENTRAL DE LA SOLOGNE

DU 24 OCTOBRE 1869.

La séance du Comité central de la Sologne qui a eu lieu au Château Impérial de Lamotte-Beuvron le 24 Octobre 1869, a été ouverte, après diverses communications de M. le Sénateur Boinvilliers, président, par l'éloge de M. Thuault de Beauchesne.

Voici le discours qu'a prononcé M. Henry, Ingénieur des Ponts-et-Chaussées.

MESSIEURS,

Il est des hommes dont le nom est tenu dans une telle estime, que du moment qu'on le prononce on est certain d'exciter une sympathie générale.

L'honorable Vice-Président que vous avez eu la douleur de perdre au commencement de cette année était assurément de ce nombre : vos cœurs sont encore tout pleins de son souvenir et vous revoyez certainement par la pensée cette bonne figure si ouverte et si entraînante, cette physionomie intelligente empreinte à la fois d'une généreuse ardeur et d'une fine bonhomie.

Mon âme est à l'unisson de la vôtre, et j'ai confiance que cette communauté de sentiments m'assurera votre bienveillance et me soutiendra dans l'accomplissement de la mission que vous m'avez confiée, d'honorer la mémoire de M. de Beauchesne.

M. Théau-Alexandre Thuault de Beauchesne est né à Romorantin, le 14 Février 1789. Son père y remplissait les fonctions de Lieutenant Général des bailliages de Romorantin et de Millançay. La noblesse de robe était depuis longtemps héréditaire dans sa famille, une des plus anciennes de la Sologne.

La carrière du jeune de Beauchesne se trouva dirigée naturellement vers la magistrature, et il fut envoyé à Paris pour y faire ses études de droit; il en revint avec le grade de licencié, et le 8 Novembre 1815 il fut nommé substitut du Procureur du Roi au tribunal de Romorantin, siége auquel il fut promu Juge d'instruction le 24 janvier 1827, et Président le 10 décembre 1833.

Il aurait pu facilement s'élever plus haut dans la hiérarchie, mais sa modestie et sans doute une sorte d'intuition des nombreux services qu'il était appelé à rendre à la Sologne lui firent refuser d'échanger son siége de Romorantin contre celui de Conseiller à la Cour d'Orléans.

Il ne resta pourtant pas en fonctions jusqu'à ce que la limite d'âge fut venue l'atteindre. Par un de ces sentiments de délicatesse peut-être exagérée, mais qui sont l'honneur des caractères fermes et indépendants, il brisa lui-même sa carrière de magistrat en sollicitant son admission à la retraite, qui lui fut accordée le 6 octobre 1848.

Profondément animé de l'amour du travail, M. de Beauchesne n'avait pas attendu les loisirs que lui fit sa démission pour se livrer à l'agriculture.

En 1828, il prenait possession de la terre des Roches, dont l'amélioration fut dès lors l'objet de ses méditations et de tous les loisirs que lui laissait la direction du tribunal.

Vous me permettrez, Messieurs, de suivre avec quelques détails ce travailleur courageux, dont les efforts persévérants contribuèrent pour une grande part à appeler sur la Sologne un patronage auguste.

L'œuvre agricole de M. de Beauchesne repose sur le principe du métayage. Mais il a tellement épuré ce système ancien en le dégageant des pratiques vicieuses, il l'a rendu si rationnel, je dirais volontiers si harmonique dans ses combinaisons et ses ressorts, qu'il en a fait pour ainsi dire une méthode nouvelle. Je ne saurais mieux la caractériser qu'en disant qu'elle réalise l'enseignement mutuel du propriétaire et du fermier.

M. de Beauchesne y fut naturellement conduit par l'esprit d'observation qu'il possédait à un rare degré.

Aux débuts de sa carrière d'agriculteur il paya son tribut à l'inexpérience. Comme la plupart des caractères généreux et ardents, il crut à toute la puissance du propriétaire aidé de capitaux suffisants; mais son erreur ne fut pas de longue durée. Il s'aperçut bientôt que ses avances se faisaient en pure perte, ses fermiers refusant absolument de le suivre dans la direction où il s'était engagé.

Beaucoup d'autres ont rencontré de ces conflits et en ont triomphé souvent, hélas, pour leur ruine, en brisant la résistance qui leur était importune. Le possesseur des Roches suivit une voie tout opposée.

Dans son éminent esprit de justice, il trouva tout naturel que les fermiers ne voulussent pas risquer leurs modestes épargnes, si laborieusement amassées, à des essais dont leur ignorance ne leur permettait ni de saisir la portée ni de mesurer les chances heureuses.

Il changea en conséquence son mode de faire valoir par fermage à prix d'argent, et il résolut d'exploiter dorénavant ses domaines à moitié fruit.

Vous savez tous, Messieurs, que ce système, si généralement répandu en Sologne, présente des avantages spéciaux et offre une très grande variété de combinaisons pour les rapports des propriétaires et des métayers.

Celles auxquelles s'est arrêté notre regretté Vice-Président constituent certainement dans leur ensemble un type très-remarquable, et dont le succès bien constaté est la meilleure recommandation.

L'idée dominante de M. de Beauchesne est de donner à ses fermiers un enseignement pratique, de leur faire pour ainsi dire toucher du doigt la convenance de chacune des améliorations qu'il projette. Il y parvient par la création d'une réserve de 10 hectares, véritable petite ferme école qu'il exploite à ses frais et risques et dont les expériences, grâce à une idée fort ingénieuse, reçoivent sur ses domaines une grande notoriété. Il a soin de payer autant que possible en nature toutes les mains-d'œuvre, par exemple au septième boisseau les manipulations nécessaires à la rentrée des récoltes, et par suite de cette répartition proportionnelle dans les bénéfices, chacun est bientôt au courant des conditions plus ou moins avantageuses des essais réalisés.

Ce dut être une douce satisfaction pour M. de Beauchesne, de voir peu à peu l'inertie céder à l'aiguillon de l'intérêt personnel ainsi éveillé et faire place à cette bonne volonté et à ce désir de bien faire, qui sont au fond du caractère du paysan de Sologne et qui en surgissent au fur et à mesure que se développe l'instruction.

Gagner la confiance de ses métayers, c'était le point capital du propriétaire des Roches : il se sentit dès lors véritablement le maître de la culture de son domaine, et il aimait lui-même à se considérer comme le directeur d'une usine agricole dont ses fermiers étaient les ouvriers associés.

Dans cette excellente situation des parties intéressées, les améliorations se succèdent bientôt par une collaboration commune où le Chef apporte ses vues générales, et les Agents leur expérience consommée. C'est alors que les terres épuisées se couvrent de pins, cette essence providentielle de la Sologne ; que les sols en friche sont défoncés, assainis, et reçoivent des amendements calcaires; que les prairies s'étendent et se complètent au besoin par des fourrages artificiels.

C'est alors aussi que les cultures sont mieux ordonnées et que s'introduit dans leur rotation la production des racines, nouvel aliment qui permet l'engraissement de bestiaux convenablement appropriés.

Et ce qu'il y a de bien digne d'attirer l'attention, c'est que ces progrès si remarquables ont été réalisés sans engager d'autre capital que les quelques fonds, remboursés à bref délai, qui étaient avancés à des métayers choisis à dessein, comme des instruments plus souples, parmi de bons travailleurs qui n'avaient d'autre avoir que leurs bras.

Quand, en 1843, ces faits furent publiés dans les annales de la Société d'Agriculture de Loir-et-Cher dont M. de Beauchesne venait d'être nommé membre, ils excitèrent, on le comprend, une émotion générale.

La critique, cette épreuve utile aux convictions fortes et aux innovations généreuses, ne manqua pas de présenter ses objections; ne nous plaignons pas de cette contradiction: elle nous valut une constatation précise des résultats financiers obtenus par M. de Beauchesne et ses fermiers.

Les chiffres ont quelquefois de l'éloquence, et nous laissons la parole à ceux qui résultent du rapport de la Commission de la Société d'Agriculture présidée par M. Malingié, en 1844.

La propriété des Roches, en 1828, époque à laquelle M. de Beauchesne en prit possession, produisait, en y comprenant les menus suffrages . . . . 3,261 f »
somme qui était loin d'entrer toujours en caisse, les fermiers mettant souvent la clef sous la porte et s'en allant pendant la nuit.

En 1844, le produit net annuel s'élève à . . . . 10,040 f »

Différence en augmentation du revenu . . . . 6,779 f »

Encore n'est-ce pas là tout le bénéfice du propriétaire ; il faudrait y ajouter tout l'intérêt du capital représenté par une plantation de 82 hectares de pins.

Voilà la part du maître; celle des coopérateurs n'est pas moins belle et attrayante, et c'est avec bonheur que j'associe ici à l'éloge de son Chef celui du fermier Petat, encore attaché maintenant à l'un des domaines des Roches. Ce modèle des bons et intelligents ouvriers agricoles, tout en élevant une nombreuse famille, a su réaliser une fortune d'environ 50,000 fr.

Vous m'excuserez, Messieurs, d'avoir arrêté votre attention sur un système de culture couronné par d'aussi brillants succès : la croix de Chevalier de la Légion d'Honneur qui fut conférée à M. de Beauchesne le 2 octobre 1846, en fut la consécration officielle.

Cette récompense fut en même temps pour votre futur collègue comme une invitation à se prodiguer de plus en plus dans l'intérêt de ce pays, auquel il avait visiblement consacré toute son existence.

Le Comice de Romorantin, dont il était Président depuis 1834, semble animé d'une vie nouvelle et ses fêtes prennent de plus en plus d'éclat et de vitalité. Chacun des six cantons de l'arrondissement est tour-à-tour le centre des réunions et retentit d'un enseignement approprié aux différentes circonstances locales.

Honneur à vous tous, Messieurs, qui avez donné vos soins de tous les instants à la même œuvre de régénération que votre dévoué Vice-Président.

Le faisceau de vos efforts réunis a été assez

puissant pour mériter à la Sologne une haute sympathie, dont nous ressentons si vivement les bienfaisants effets.

Il vous souvient, comme moi, de l'enivrement qui dans les premiers jours de novembre 1850 s'empara de nos moindres bourgades, en apprenant qu'un prince de la Science, alors Ministre de l'Agriculture, était envoyé par le Chef du gouvernement avec mission de parcourir notre pays, d'en reconnaître les ressources et d'en constater les besoins.

Je ne dirai pas avec quel soin, avec quelle scrupuleuse attention, l'illustre savant, que le Comité central a l'honneur de posséder dans son sein, poursuivit son enquête. Qu'il en soit mille fois béni par la douce satisfaction que doit lui laisser le souvenir de l'acte de justice dont il a été le promoteur, et dont l'histoire impartiale fera toujours un titre de gloire non contesté pour le gouvernement de l'Empereur.

M. de Beauchesne fut naturellement un de ceux qui furent appelés à éclairer la religion de M. Dumas; c'est dire qu'il le fit avec cette ardente conviction dont vous le saviez inspiré et avec cette force de persuasion qui réside dans les faits accomplis.

La cause de la Sologne fut gagnée, et M. de Beauchesne eut bientôt le bonheur d'en recueillir lui-même la douce assurance de la bouche du Chef de l'État.

Vous savez que depuis cette époque l'amélioration de la Sologne fut l'objet des préoccupations constantes de l'Administration supérieure. La création même du Comité central en est un des principaux témoignages.

M. de Beauchesne est, avec l'honorable Sénateur qui vous préside, l'un des promoteurs de cette institution, dont il fut nommé Vice-Président. Mieux que moi, nouveau venu parmi vous, vous avez été à même d'apprécier la large part qu'il a prise à vos travaux; et lorsque sur la fin de sa vie il sentit ses forces le trahir, vous n'avez pas voulu consentir à vous priver de ses lumières avant l'heure de la suprême séparation.

En tenant à vous montrer dans son amplitude la carrière agricole de M. de Beauchesne, j'ai provisoirement laissé de côté l'un des cercles d'activité parcourus par cette intelligence variée; je veux parler de ses fonctions d'administrateur comme Maire de Romorantin, situation à laquelle il fut appelé le 7 mai 1851, et qu'il conserva jusqu'à sa mort.

Sans doute, Messieurs, ce rôle d'Administrateur, pour lequel il avait une capacité toute spéciale, vous intéresse moins directement que ses services agricoles. Mais vous ne sauriez être cependant indifférents aux améliorations locales. J'en juge par mes propres impressions et par la satisfaction profonde que j'éprouve à constater combien vos centres communaux s'embellissent de jour en jour. Ce n'est pas sans émotion que je vois d'une part ces jolies maisons bien propres et d'un type élégant succéder aux anciennes constructions dont l'air et la lumière semblaient bannies, et d'autre part des terres jadis en friches aux portes mêmes de vos bourgs se changer en plantureux jardins; ce spectacle réjouit le cœur : c'est la civilisation qui s'impatronise en Sologne.

M. de Beauchesne aura certainement contribué pour une large part à cette sorte de changement à vue; car, beaucoup d'entre vous en ont été les témoins, il a véritablement transformé Romorantin, tout en restant sévèrement économe des deniers communaux.

Son administration vigilante s'est occupée de tous les besoins.

Les intérêts religieux et hospitaliers ont reçu satisfaction par l'érection du presbytère, l'achèvement de la principale église et l'agrandissement de l'hospice.

Le service de la voirie lui doit la construction d'un pont sur la Sauldre, la régularisation de plusieurs rues, l'exécution de bons pavages, l'assainissement de plusieurs quartiers par le drainage et la création de jolis squares dont l'ordonnance est l'objet d'une légitime admiration.

Enfin, de nombreux établissements commerciaux et industriels, et autres d'utilité publique se sont élevés sous l'incessante sollicitude de M. de Beauchesne ; citons : la Halle aux grains, l'Abattoir, l'Usine à gaz, des Bains et lavoirs publics et une Caserne pour un bataillon d'infanterie.

La variété et l'importance de ces nombreux travaux vous montrent bien, Messieurs, que l'ardeur de l'édile égalait l'activité de l'agriculteur.

Aussi, votre dévoué Président suivait-il d'un œil attentif le développement et la manifestation des aptitudes diverses de son zélé collaborateur; et lorsqu'elles eurent produit tous leurs fruits, il eut la douce jouissance d'apposer au milieu de vous la croix d'Officier de la Légion d'Honneur, sur la poitrine de celui qu'il avait si heureusement nommé le Patriarche de la Sologne.

Ce jour là (*), votre séance fut une fête de famille, et je me souviens encore que quelque temps après, M. de Beauchesne ne me parlait pas sans attendrissement de l'émotion qu'il avait ressentie, en se voyant l'objet d'une manifestation dont sa modestie l'empêchait de se croire digne.

Maintenant que je vous ai entretenus du Magistrat, de l'Agriculteur et de l'Administrateur, permettez-moi de dire en terminant quelques mots de l'homme privé et du père de famille. Ses qualités d'esprit et de cœur vous expliqueront l'influence considérable qu'exerçait M. de Beauchesne.

Sans doute son action profonde sur son entourage tenait pour une grande part à cette admiration qu'inspire toujours une vie noble, digne et pure dans toutes ses affections.

Sans doute aussi, elle doit être attribuée à ce sentiment élevé de la justice qui se manifesta d'une manière si éclatante lorsque dans notre dernière crise politique, il donna un bel et courageux exemple de résistance à des entraînements irréfléchis, en couvrant de sa responsabilité personnelle d'honorables concitoyens injustement inquiétés.

Mais en dehors de ces causes générales, il en est de plus intimes et qui me font mieux comprendre le secret des succès obtenus par notre regretté Vice-Président dans les différentes voies que son activité s'est tracées.

Sa simplicité, sa bonhomie l'aidèrent puissamment dans l'éducation quotidienne de ses fermiers. Quelques-uns d'entre vous auront lu sans doute ces sentences qu'il inscrivait sur les

(*) 31 Juillet 1864.

bâtiments d'exploitation — à petits fumiers, petits greniers — sans labours profonds pas de moissons. Ce sont là, Messieurs, de petits moyens sans aucun doute, mais qu'ils produisent de grands effets lorsque par une inspiration de tous les jours, ils pénètrent une âme naïve et bien disposée! De grands hommes, un agriculteur comme Bugeaud, un moraliste comme Franklin l'ont bien compris.

Auprès des personnes de sa condition, la puissance d'entraînement de M. de Beauchesne avait pour origine son désintéressement bien connu. Son éloquence était facilement persuasive, parce qu'elle n'avait jamais pour but que l'intérêt général du pays.

L'amélioration de la Sologne et le bien-être de ses habitants étaient en effet le but de tous ses efforts, l'objet de toutes ses pensées. Souffrez que je vous en donne comme exemple cette préoccupation de ses dernières années qui lui fit poursuivre un des problèmes posés pour votre Comité, celui de la culture de la vigne à la charrue. Sans doute votre digne Vice-Président était heureux dans cette occasion d'apporter son concours à vos travaux, mais l'objet principal de ses études était de mettre à la disposition de ses fermiers cette boisson généreuse et vivifiante, que dans son langage énergique et imagé il ne craignait pas d'appeler *l'avoine* de l'homme.

La mort vint l'obliger de laisser à d'autres l'exécution de ce généreux dessein.

Hélas! elle plana sur lui dès le jour néfaste où Madame de Beauchesne fut enlevée à ses affections.

Son cœur avait si cruellement saigné de cette perte, que l'impression en fut au-dessus de ses forces. Cette cruelle séparation de la compagne aimée de toute sa vie le terrassa, et un an s'était à peine écoulé qu'il allait la rejoindre, laissant un chagrin profond dans le cœur de ses enfants et petits enfants, qu'un double malheur venait ainsi de frapperà des intervalles aussi rapprochés.

Sur son lit de douleur, votre bon et dévoué Vice-Président eut encore une pensée d'amour pour la Sologne en confiant à un instituteur, dont il appréciait le dévouement, une mission relative à la séricículture. Depuis plusieurs années, M. de Beauchesne voyait dans cette industrie naissante une source future de prospérité, et il voulut l'encourager par ce dernier témoignage de sympathie.

Sa vie ne fut ainsi qu'une longue journée de travail, au soir de laquelle le bon serviteur de l'agriculture et de son pays rendit l'âme à Dieu dans la foi des éternelles espérances.

Je ne terminerai pas cette notice sans remercier M. le Président du Comité qui, en me chargeant du soin de résumer devant vous la vie de M. de Beauchesne, m'a fourni l'occasion de rendre un public hommage à la mémoire de votre digne Collègue, dont le nom vivra dans la pensée de tous ceux qui s'occupent d'agriculture, et le souvenir dans le cœur de ceux qui ont vécu dans son intimité !

La parole émue de l'orateur fut écoutée avec le plus profond recueillement.

Romorantin, Imp. et Lith. de Joubert-Moreau.

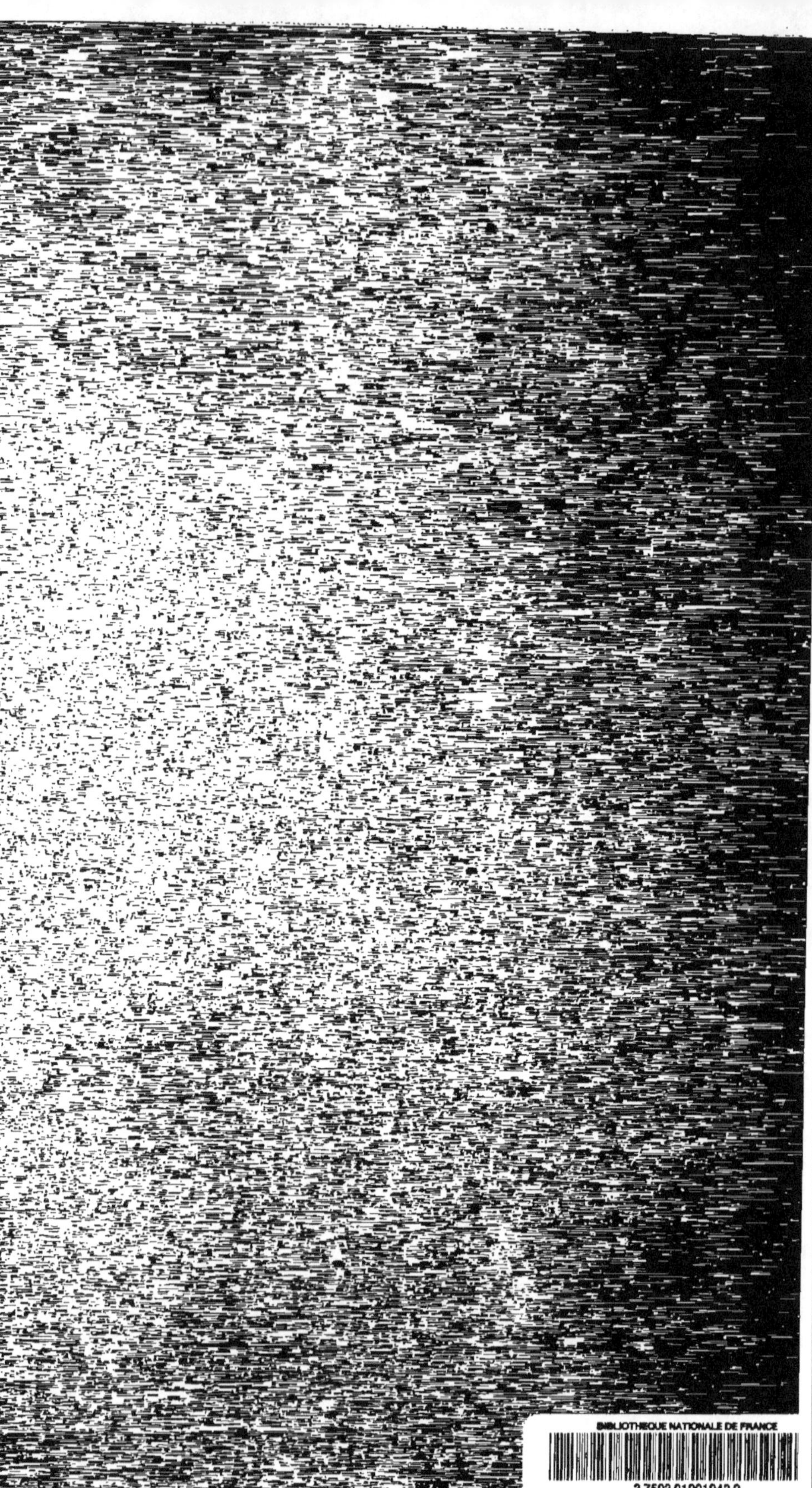

www.ingramcontent.com/pod-product-compliance
Lightning Source LLC
LaVergne TN
LVHW010312230826
846091LV00007B/3121

* 9 7 8 2 0 1 1 7 8 0 5 8 4 *